Drôle de Noël pour MINI-LOUP

Philippe Matter

hachette
JEUNESSE

A Noël, tout est permis ! « Sauf de chahuter autour
du sapin qu'on décore ! » a répété Maman-Loup.
   Pour être plus tranquilles, les parents de Mini-Loup,
de Mini-Pic et d'Anicet leur ont demandé d'aller jouer dehors.
   « Chic ! A nous la liberté ! » se sont écriés nos trois amis.
   Trois sur une luge, c'est épatant ! « Quand nous prendrons
de la vitesse, je grimperai avec vous », propose Mini-Loup.
   Quelle bonne idée !

La liberté, ça donne des ailes ! L'ennui, avec la neige, c'est que ça cache tout, absolument tout ! Et quand ça cache la souche d'un arbre, c'est plutôt contrariant. Surtout quand on n'a pas prévu de parachute !

« Plus on monte haut, plus dure sera la chute ! » pensent ensemble Mini-Loup, Mini-Pic et Anicet.

Plaf ! dans la neige jusqu'au cou et leur luge est cassée !
Heureusement, nos amis, eux, sont restés bien entiers…
Mais en relevant la tête, ils tombent nez à nez
avec un animal très très étrange…
    « Vous voyez ce que je vois ? bégaie Mini-Pic.
    – On dirait une mule avec une luge sur la tête ! »
lance Mini-Loup.
        Anicet n'ose même pas regarder.
        « Est-ce que ça a l'air méchant ? » s'inquiète-t-il.

« Mais c'est le renne du Père Noël ! » s'est soudain écrié
Mini-Loup.

Et comme le Père Noël est en train de faire un petit pipi,
Mini-Loup, Mini-Pic et Anicet ont la mauvaise idée
de lui emprunter son traîneau…

« A vos marques, prêts, partez ! » ordonne Mini-Loup.

Quelle joie, alors, de pouvoir pousser le cri qu'il aime le plus au monde : « Ouh ! »

Mais le renne a si peur, qu'au lieu de courir, il s'envole !

« Je sens qu'on va encore s'écraser ! » bredouille Anicet, affolé.

Anicet a vu juste… Bang ! Les rennes sont parfaits au décollage, mais nettement moins bons à l'atterrissage !

Dans la chute, tous les paquets se sont ouverts.

Nos trois amis n'en reviennent pas de ce Noël avant l'heure.

« Qu'èche que chè chouette ! lance Anicet la bouche pleine.

– Ce renne est tristounet, un peu de couleur le rendra plus gai ! » décide Mini-Loup.

Mini-Pic, quant à lui, est enchanté de sa tenue de Zorro.
Un petit duel, et ce serait parfait !

En fait de duel, il l'a échappé belle ! Le Père Noël
s'est fâché tout rouge et a crié très très fort…
« Vous allez m'aider à remballer tous les paquets
et à les livrer ! A cause de vous, j'ai perdu un temps fou ! »

Nos trois amis ont filé doux ; ils se sont rapidement mis au travail. Mais il y a tant de cheminées !

« Un paquet pour chacune… N'en oubliez aucune… » leur crie le Père Noël.

Quand la distribution est terminée, le sac du Père Noël est vide… « Et nous ? s'écrie Mini-Loup. Il n'y a même pas de cadeaux pour nous ? »

Le Père Noël entre aussitôt dans une grande colère.

« Comment ? Des cadeaux pour des petits voyous ? Et pourquoi pas des cerises à Noël ! Les récompenses, c'est seulement pour les enfants sages ; et surtout pas pour des bandits voleurs de renne ! »

Le Père Noël crie si fort, qu'effrayés, les trois amis rentrent chez eux par le chemin le plus court : la cheminée !

Mini-Loup, Mini-Pic et Anicet font une arrivée
très remarquée, sous le regard ahuri de leurs parents.
« Quelle drôle d'idée de faire de la luge sur le toit ! »
s'étonne Papa-Loup.

Pom Pata Plom Boum ! A peine sur leurs pattes, les trois
compères entendent un drôle de bruit dans la cheminée…
« Regardez ! s'écrie Mini-Loup. C'est pour nous ! »
Le Père Noël a seulement voulu leur faire peur. Jamais
il n'aurait laissé Mini-Loup, Mini-Pic et Anicet sans cadeau !
Celui-ci tombe à pic. « Une luge toute rouge…
Quelle bonne idée ! »

Vite ! Tout le monde dehors !

« Au revoir, Père Noël !

– Au revoir, les amis ! fait le Père Noël en s'envolant
droit vers le ciel.

– Quel beau renne vous avez ! crie Mini-Loup
avec un sourire coquin. On dirait presque un arc-en-ciel ! »

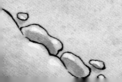

Le lendemain, de très bonne heure, Mini-Loup réveille
ses amis. Une promenade en luge, c'est trop tentant !
« Asseyez-vous dessus… Je vais vous piloter ! » dit-il.
Et en avant !
Décidément, les jours se suivent et se ressemblent…
TERRIBLEMENT !

RETROUVE LES COLORIAGES
MINI-LOUP
SUR JEDESSINE.COM

▶ **Des jeux, des vidéos, des concours...**

▶ **Rencontre de nouveaux amis tous les jours !**

▶ **Reçois des commentaires des autres membres de Jedessine !**

WWW.JEDESSINE.COM
Le site des enfants qui aiment s'amuser en toute sécurité

Retrouve Mini-Loup sur Internet : www.mini-loup.com

Dépôt légal : octobre 2012
ISBN : 978-2-01-225839-6 – Édition 04
Loi n° 49-956 du 16 juillet 1949 sur les publications destinées à la jeunesse
Imprimé en Malaisie

Mlle Biglu

Gus　Eliot　Louna

Maxou　Baudouin　Raphaëlle　Muche